Der kleine Drache
Flitze Feuerzahn

Verwirrung
im Zoo

Matthias Riehl

Der kleine Drache

Flitze Feuerzahn

Verwirrung im Zoo

Boje Verlag

Zeichnungen und Einband von Klaus Witt

Zweite Auflage 1985

Gesamtherstellung:
Wagner GmbH, Nördlingen
Printed in Germany
ISBN 3 414 17200 3

Inhalt

Das Nest im Wald

Das war ein dichter, finsterer Wald! Und kaum ein Mensch kam je dorthin. Warum kaum ein Mensch dorthinkam? Weil der Wald von Autobahnen ganz umschlossen war.
Kein Wunder, daß es in diesem finsteren Wald aufregende Dinge gab, zum Beispiel das letzte Drachennest der Welt. Zwei riesige geflügelte Drachen hausten dort. Genauer gesagt: Sie hatten dort gehaust.
Was Drachen sind? Nun, das weiß schließlich jeder. Es sind sehr gefährliche Wesen, die Feuer speien und einen giftigen Atem haben. Sie sehen aus wie Krokodile, Löwen, Schlangen und Raubvögel in einem, groß und furchterweckend.
Aber es gibt natürlich auch kleine und

ganz kleine. Und in diesem dichten, finsteren Wald ließen böse Dracheneltern ihr Kind, den kleinen grünen Drachen Flitze Feuerzahn, zurück.

„Ich bin der Rabe Raps“

Oft kreisten Raben über dem Wald. Und eines Tages erblickte der Rabe Raps das Drachennest.
Nanu? dachte der Rabe Raps. Wie kommt denn da ein Krokodil in den Wald? Vorsichtig flog er etwas tiefer.
Und da hörte er ein leises Weinen.
Seit wann weinen Krokodile? dachte der Rabe Raps. Auf jeden Fall konnte ein weinendes Krokodil nicht sehr gefährlich sein.
Erstaunt blickte der kleine grüne Drache zu den Baumwipfeln hinauf, von wo der Rabe Raps langsam herunterschwebte.
„Bitte, komm doch näher!“ rief er mit verweinter Stimme. „Komm in mein Nest!“

Der Rabe ließ sich auf dem Nestrand nieder. „Ich bin der Rabe Raps“, stellte er sich vor.
Der kleine Drache schneuzte sich und sah den Raben dankbar an.
„Hast du nicht eben geweint?“ fragte der Rabe Raps.
„Ja, weil ich so alleine bin.“
Rabe Raps schaute sich um. „Daß Krokodile Nester bauen, habe ich auch noch nicht gewußt.“
Der kleine grüne Drache zeigte mit der Schnauze auf seine Vorderbeine. „Ich bin kein Krokodil. Das sieht man doch an meinen längeren Vorderbeinen.“
„Und was bist du dann?“
„Ein Drache.“
Rabe Raps runzelte die Rabenstirn. „Ein Drache? So ein feuerspeiendes Ungeheuer, das es einst gegeben haben soll?“

„Ja“, erwiderte der kleine grüne Drache. „Aber ich kann leider nur mit einem Zahn Feuer speien. Und darum haben mich meine Eltern auch Flitze Feuerzahn genannt.“

„Deine Eltern?“ erschrak der Rabe Raps. „Ja, wo sind die denn?“

„Ich weiß es nicht. Vielleicht in Afrika oder in Südamerika.“

„Und warum bist du nicht mit?“ erkundigte sich Rabe Raps.

„Weil ich nicht fliegen kann. Du siehst doch, daß ich keine Flügel habe.“ Flitze Feuerzahn mußte fast wieder weinen. „Und ich bin in den letzten Jahren nicht um einen Zentimeter gewachsen.“ Worüber sich vor allem sein Vater geärgert hatte, der sogar zwei Köpfe besaß. „Ich glaube, meine Eltern konnten mich nicht leiden“, fügte er hinzu.

Rabe Raps schluckte. „Meine auch nicht,

weil ich als Kind immer in die Rapsfelder geflogen bin. Und darum haben sie mich Raps genannt."
„Einen giftigen Atem habe ich auch nicht", klagte Flitze Feuerzahn.
Woraufhin der Rabe Raps wissen wollte, ob der kleine grüne Drache zumindest fauchen könne.
Flitze Feuerzahn fauchte. Doch allzu gefährlich klang das nicht.
„Und Feuer speist du nur mit einem Zahn?" fragte Raps. „Spei doch mal!"
Auch damit war es nicht weit her. Viel mehr als die Flamme eines großen Streichholzes sah man nicht.
Flitze Feuerzahn schloß das Maul. „Du siehst, mit mir ist nicht viel los."
Rabe Raps klopfte dem kleinen grünen Drachen mit dem Schnabel auf die Schulter. „Tröste dich", krächzte er, „mit mir auch nicht. Ich kann nicht einmal glit-

zernde Sachen stehlen, wie so viele andere Rabenvögel."

Einen Augenblick war es still im Nest.

„Und dann habe ich auch noch Angst vor Gewitter", schluchzte der kleine grüne Drache. „Bei jedem Blitz bin ich immer weggeflitzt."

Rabe Raps klopfte noch einmal. „Aha, daher Flitze. Nun, ich bin bei Gewitter auch nicht gerade ein Held."

Wieder war es still im Nest.

„Und wovon lebst du?" fragte der Rabe Raps schließlich.

Ja, wovon lebte der kleine grüne Drache? Von Pilzen und von Beeren. Doch das machte ihn kaum satt. Früher hatten ihn seine Eltern ernährt mit alldem, was sie nachts erwischen konnten.

Nachdenklich wiegte Rabe Raps den Kopf. „Da muß etwas geschehen, mein Freund", schnarrte er.

Aber was sollte geschehen?
Plötzlich hatte Rabe Raps eine Idee. „Ich führe dich in die große Stadt zum Zoologischen Garten!“ rief er.
„Was ist ein Zoologischer Garten?“ Flitze Feuerzahn horchte auf.
„Ein Garten, in dem sich die Menschen die Tiere ansehen können. Und alle Tiere werden dort gut versorgt.“
Flitze Feuerzahn verzagte wieder. „Auch Drachen?“
Rabe Raps war davon überzeugt. Und so führte er Flitze Feuerzahn in der Nacht still und heimlich in die Stadt zum Zoo. Er flog über ihm voran, bis sie vor dem großen Haupttor angekommen waren. Doch das war natürlich geschlossen.
„So, jetzt mußt du nur noch über diese Mauer hier“, verabschiedete sich der Rabe Raps. „Ich komme bald mal vorbei und sehe, was aus dir geworden ist.“

Die hohe Mauer

„Halt, halt, halt!“ Flitze Feuerzahn bat den Raben Raps, noch einen Augenblick zu bleiben. Die hohe Mauer machte ihm angst. „Ich möchte doch lieber in meinen Wald zurück“, sagte er kleinlaut.
Rabe Raps hockte sich neben ihn.
Außerdem kamen so schreckliche Geräusche aus dem Zoologischen Garten: Ein Elefant trompetete, ein Löwe brüllte und ein Hirsch röhrte. Es war eine warme Nacht.
„Und hinter dieser Mauer werden die Tiere gut versorgt?“ zweifelte der kleine grüne Drache. „Das hört sich aber nicht so an.“
Rabe Raps meinte, daß man auch aus Wohlgefühl brüllen könne. Ob Flitzes El-

tern das nie getan hätten, fragte er.
„Erinnere mich jetzt nicht an die!" jammerte der kleine grüne Drache und drückte sich an die Mauer. Beinahe hätte er dabei dem Raben weh getan. Rabe Raps flatterte hoch.
„Kannst du nicht ein bißchen aufpassen?"
„Entschuldige bitte", entgegnete Flitze Feuerzahn. „Aber hier ist es ja noch finsterer als in meinem Wald."
Das stimmte nun wirklich nicht. Denn vor dem Haupteingang des Zoos brannten zwei mächtige Laternen. Und dann gab es natürlich noch eine ausreichende Straßenbeleuchtung.
„Hier ist es so hell, daß man uns bald entdecken wird", warnte Rabe Raps.
„Und was geschieht dann?"
Rabe Raps erklärte, daß ihm selbst kaum etwas geschehen werde. Erstens brauche

er ja nur wegzufliegen, und zweitens seien Raben dem Menschen wohlbekannt. „Aber Drachen“, krächzte er. „Ich weiß nicht, lieber Freund.“
„Na gut, dann wagen wir es“, erwiderte der kleine grüne Drache nach einer längeren Pause.
Rabe Raps knarrte mit dem Schnabel. Er wurde langsam ärgerlich. „Was heißt ‚wir‘? Du mußt es wagen. Du!“
„Und du kommst mich bestimmt besuchen?“
„Darauf hast du mein Rabenwort.“
Jetzt wollte der kleine grüne Drache aber wissen, wo sie sich in dem großen Garten treffen sollten. „Ich weiß ja gar nicht, welchen Platz man mir anweisen wird und wie du das erfahren kannst.“
Rabe Raps dachte nach. „Es gibt überall eine Auskunft“, antwortete er schließlich. „Auf Flughäfen, Bahnhöfen und in Ver-

gnügungsparks. Da wird es wohl auch eine im Zoologischen Garten geben." Er fügte hinzu: „Dort frage ich einfach nach."

In diesem Augenblick erfaßte das Licht eines Scheinwerfers die beiden an der Mauer. Er gehörte zu einer Funkstreife, die langsam ihre Runde machte.

Rabe Raps flog auf die Mauer. „Mach deinen Feuerzahn an!" rief er hinunter.

Der kleine grüne Drache verstand ihn nicht.

„Das ist immer noch besser, als nichts zu tun", fügte Rabe Raps hinzu. „Denn Polizei fehlt uns gerade noch."

Im Funkwagen sagte Polizist Müller I zu Polizist Müller II: „Mir scheint, dort liegt eine schlafende Person."

Aber Müller II liebte keine schlafenden Personen, weil er selbst oft schlaflos war. Jetzt sah er einen Feuerschein. „Da sitzt einer ganz gemütlich an der Mauer und zündet sich eine Zigarette an", stellte er fest.

Polizist Müller I schloß sich dieser Meinung an. „Ja, Schlafende rauchen eigentlich nicht", nickte er.

Rasch kam Rabe Raps wieder von der Mauer herunter. Er blickte dem Funkwagen nach. „Das hätte ins Auge gehen können", sagte er. „Ein Drache im Zoo ist immer noch etwas anderes als einer im nächtlichen Großstadtverkehr."

Ja, und nun war es wirklich höchste Zeit, daß Flitze Feuerzahn von der Straße verschwand. Aber daraus wurde nichts. Zwei junge Leute verhinderten es. Wer die beiden waren? Zwei Gesellen, die an diesem Abend ihre Prüfung in der Handwerkskammer gefeiert hatten und jetzt fröhlich sangen.

Rabe Raps hörte sie schon von weitem.

„Die haben mehr getrunken, als sie vertragen können“, sagte er leise zu Flitze Feuerzahn.
„Und? Ist das schlimm?“
Daß es für die Prüflinge schlimm war, glaubte Rabe Raps nicht. „Die sind richtig ausgelassen“, sagte er. Nur für Flitze Feuerzahn könnte es schlimm werden, weil nämlich ausgelassene Menschen allerlei Scherze machen. Und wenn sie dann einen kleinen Drachen fanden ...
„Jetzt komme ich sowieso nicht mehr auf die Mauer“, verzagte Flitze Feuerzahn. Er schloß die Augen. „Die bringen mich bestimmt zur Polizei.“
So schwarz sah Rabe Raps die Lage nicht. Es kam nur darauf an, den beiden keinen Grund zur Aufmerksamkeit zu geben. „Du ziehst den Schwanz so weit wie möglich ein“, flüsterte Rabe Raps, „und setzt dich hin wie ein Hund.“

Der kleine grüne Drache hatte noch niemals einen Hund gesehen. „Kannst du mir das nicht mal vormachen?“ flüsterte er zurück.

Wie ein Hund konnte Rabe Raps nun auf keinen Fall sitzen – höchstens wie ein Storch auf einem Bein stehen. Doch das nützte ja im Augenblick nichts. Und die beiden Lustigen kamen singend näher.

„Vielleicht sollten wir auch etwas singen“, schlug Flitze Feuerzahn vor. Er hatte einmal seine Mutter singen hören. Schön geklungen hatte das freilich nicht.

„Dann schon lieber fauchen“, gab Rabe Raps zurück.

Flitze Feuerzahn fauchte probeweise vor sich hin. Es hörte sich so an, als ob ein paar welke Blätter zusammengefegt wurden.

„Ich hab's!“ rief Rabe Raps plötzlich leise.

Er wollte so lange die beiden jungen Leute umkreisen, bis sie die Richtung änderten. „Natürlich!“ rief er. „Ich verscheuche sie!“
Doch dazu sollte es nicht kommen, weil sich die beiden auf den Rinnstein setzten und eine Flasche mit zwei Pappbechern aus der Tasche zogen.
„Heda, Vogel!“ rief der eine. „Mach hier keine anstrengenden Flüge, sondern labe dich!“
Dem konnte Rabe Raps nicht widerstehen. Und so trank er zum ersten Mal im Leben etwas Bier.
„Oder möchtest du lieber Schokolade?“ fragte der andere.
Schokolade schmeckte dem Raben Raps wesentlich besser als der Gerstensaft. Er pickte gleich drei Stücke auf und bemerkte erst jetzt, daß die beiden eine kleine klappbare Leiter bei sich hatten.

Das war nämlich ihr Gesellenstück.
Moment, Moment, dachte Rabe Raps. Konnte die Leiter vielleicht für Flitze Feuerzahn hilfreich sein? Mit ihr kam er bestimmt auf die Mauer hinauf.
Aber wie sollte man die Leiter an sich bringen? Der Blick des Raben fiel auf eine schimmernde Armbanduhr.
Sollte er es einmal im Leben versuchen ...? Wenn er damit seinem neuen Freund in den Zoo verhalf, war das bestimmt nichts Böses. Ja, in der Rabenfamilie würde man vielleicht sogar stolz auf ihn sein. Sekunden später hatte er die Uhr im Schnabel und flog davon.
„Na, das ist doch ein Ei!" polterte der junge Mann los und faßte an sein Handgelenk. Er sprang auf, um den Raben Raps einzufangen. Rabe Raps hatte sich auf die Mauer gesetzt.
„Das ist nun der Dank für Schokolade und

Bier!“ rief der junge Mann.
Aber der andere verteidigte den Raben. „Die können nichts dafür“, sagte er. „Die sind nun einmal so.“
Fünf Meter weiter preßte sich der kleine grüne Drache dicht an die Mauer. Es war ihm sofort eingefallen, was der Rabe Raps im Wald von glitzernden Sachen erzählt hatte. Tatsächlich: Rabe Raps saß oben auf der Mauer und lockte mit einem glitzernden Ding.
„Gib sofort die Uhr zurück!“ riefen die beiden und lehnten die Leiter an die Mauer. Doch kaum waren sie hinaufgeklettert, hüpfte Rabe Raps ein Stück zur Seite. Schimpfend verfolgten sie ihn.
Dreimal wiederholte sich dieses Spiel, bis Rabe Raps seine Beute auf der Mauer liegenließ und blitzschnell zur Leiter flog.
„Jetzt aber los, Flitze!“ zischte er. „Hiermit ist es doch nur eine Kleinigkeit!“

Der Direktor kommt

Im Nu war Flitze Feuerzahn oben auf der Mauer. Und nachdem der Rabe Raps und die beiden Gesellen verschwunden waren, blieb er ziemlich lange dort sitzen. Ohne einen Laut von sich zu geben.

Aber einer hörte ihn schließlich doch. Nämlich Tierwärter Hirsch. Er ging gerade im Zoo spazieren, weil er nicht schlafen konnte.

War Tierwärter Hirsch etwa beim Spazierengehen eingeschlafen? Hatte er geträumt? Das zuckte ihm jedenfalls durch den Kopf, als er Flitze Feuerzahn oben auf der Mauer sah.

„Halt! Stehenbleiben!“ rief er, und als er sich etwas gefaßt hatte: „Wirst du mal da herunterkommen!“ Er rieb sich die Augen.

Offensichtlich war ein kleines Krokodil aus dem Krokodilgehege entwischt und wollte aus dem Zoo heraus.
„Dir gefällt es wohl bei uns nicht mehr", schimpfte Tierwärter Hirsch und zog Flitze Feuerzahn am Schwanz in den Zoologischen Garten hinein. „Du kleines freches Krokodil!"
„Aua!" schrie Flitze Feuerzahn.
Jetzt rieb sich Tierwärter Hirsch auch noch die Ohren. „Hat hier jemand ‚Aua' gesagt?"
„Ich", erwiderte Flitze Feuerzahn leise und versuchte, sich aus den Armen von Tierwärter Hirsch zu befreien. „Übrigens bin ich ein Drache und kein Krokodil."
Nun hatte sich Tierwärter Hirsch wieder ganz in der Gewalt. „Ja, ja, ein feuerspeiender Drache aus der Fabelwelt", lachte er.
Das mit dem Feuer hätte er nicht sagen

dürfen, denn Flitze Feuerzahn schoß rasch eine kleine Flamme aus dem Maul.

Nun schrie Tierwärter Hirsch: „Aua! Wer brennt mir denn da die Jacke an?"

„Glaubst du nun, daß ich ein Drache bin?" trumpfte Flitze Feuerzahn auf.

Tierwärter Hirsch steuerte eine Bank in der Nähe an, um sich erst einmal von diesem Schrecken zu erholen. Flitze Feuerzahn hielt er dabei noch immer fest im Arm.

„Das scheint wirklich ein Drache zu sein", murmelte er, nachdem er Flitze Feuerzahn etwas unsanft auf die Bank gesetzt hatte.

„Ja, und was suchst du hier?"

„Eine Unterkunft. Eine Unterkunft mit Verpflegung, wenn das möglich ist."

Ein richtiger Drache suchte Unterkunft im Zoo! So etwas hatte die Welt noch nicht gesehen. Aber so etwas würde sie sicher

gerne sehen. Tierwärter Hirsch mußte den Vorfall sofort Direktor Löwenthal melden. Aber durfte er das mitten in der Nacht?

„Ich werde dich jetzt mit zu mir in meine Wohnung nehmen", sagte er. „Und morgen früh stelle ich dich dem Herrn Zoodirektor vor."

Flitze Feuerzahn war damit einverstanden.

„Bekomme ich auch ein wenig zu essen?" fragte er vorsichtig.

Natürlich kannte sich Tierwärter Hirsch gut mit Tieren aus. Doch was ein Drache für eine Nahrung brauchte, das wußte er nun wirklich nicht. „Was fressen Drachen?" wollte er erfahren.

„Nun ... Kohl ... oder Kartoffeln ... oder Mohrrüben. Aber auch Eier."

„Was für Eier?"

„Natürlich keine Dracheneier! Fasaneneier, Möweneier, Schlangeneier."

„Sehr interessant", murmelte Tierwärter Hirsch vor sich hin. Kartoffeln hatte er zu Hause, auch einen kleinen Blumenkohl.
„Dann werden wir mal", ermunterte er Flitze Feuerzahn. „Aber ich sperre dich in mein Badezimmer ein, damit du mir nicht alles schmutzig machst."
Flitze Feuerzahn hatte gegen das Badezimmer nichts einzuwenden. Hauptsache war, daß er etwas in den Magen bekam. Und so lief er nun vergnügt neben Tierwärter Hirsch die dunklen Wege des Zoos entlang, bis sie beim Wärterhäuschen ankamen, das Hirsch seit einigen Jahren kostenlos bewohnte.
„Hier sind wir", sagte dieser und schloß die Haustür auf. „Na, Direktor Löwenthal wird morgen Augen machen."

Direktor Löwenthal sperrte zunächst nicht die Augen, sondern die Ohren auf. Bevor er mit Wärter Hirsch ins Badezimmer ging, hörte er sich dessen Bericht genau an.

„Also, wie war das noch einmal, Herr Hirsch?"

„Ich ging gemächlich an der Mauer entlang", wiederholte Tierwärter Hirsch, „an der Mauer von unserem Zoo ..."

Direktor Löwenthal unterbrach ihn. „Daß Sie nachts nicht an einer Friedhofsmauer spazierengehen, ist mir klar."

Flitze Feuerzahn hörte im Badezimmer jedes Wort.

„Und da ... da sah ich ... den ... den Drachen auf der Mauer", fuhr Tierwärter Hirsch fort. Dann machte er eine Pause, weil Direktor Löwenthal offensichtlich etwas sagen wollte.

„Und hatte dieser ... dieses Wesen einen furchterweckenden Blick?"

An einen furchterweckenden Blick konnte

sich Tierwärter Hirsch nicht erinnern. „Im Gegenteil", antwortete er.
„Was heißt im Gegenteil?" Direktor Löwenthal wurde lauter.
„Er sah eigentlich sehr freundlich aus", erklärte Hirsch mutig. Dann erzählte er von dem Feuer und daß Flitze Feuerzahn von zwei großen geflügelten Drachen, nämlich von seinen Eltern, verlassen worden sei. Feuerzahn hatte es ihm bei Kartoffeln und Blumenkohl mitgeteilt.
„Von seinen Eltern?" Das war Direktor Löwenthal im Augenblick zuviel. „Auf jeden Fall werden wir ihn gut einsperren müssen", schnarrte er, „denn wer weiß, was sonst noch für Kräfte in diesem Ungeheuer stecken!"
Direktor Löwenthal dachte nach. Ihm fiel ein Käfig mit Holztüren vor den Gittern ein, in dem einmal ein wildgewordener Löwe zwei Tage lang gesessen hatte. Und Tier-

wärter Hirsch wurde angewiesen, diesen Käfig bereitzustellen.
„Aber dann sitzt er ja ganz im Dunkeln", wagte Hirsch einzuwerfen.
Direktor Löwenthal lachte auf.
„Und wenn er sich da fürchtet", fügte Hirsch vorsichtig hinzu.
Jetzt mußte Direktor Löwenthal schallend lachen. „Ein Drache, der sich fürchtet! Das glauben Sie doch wohl selber nicht."
Er schritt auf die Badezimmertür zu. „So, nun zeigen Sie mir mal dieses grüne Ding!"

Verwirrung im Zoo

Das grüne Ding war weg. Verschwunden. Einfach weg.

Zunächst glaubte Direktor Löwenthal, daß Wärter Hirsch in der Nacht vielleicht zu tief ins Glas geguckt hatte. Aber Tierwärter Hirsch trank nie einen Tropfen Alkohol.

Der Blick von Tierwärter Hirsch fiel auf eine Fensterklappe oben an der Wand.

„Ogottegott!“ entfuhr es ihm.

„Was heißt ‚Ogottegott‘“, polterte Direktor Löwenthal. „Stand diese Klappe vielleicht von Mitternacht bis morgens offen?“

Sie hatte ohne Zweifel offengestanden.

Aber wie sollte ein etwa ein Meter großer Drache an der kahlen Wand dort hinaufge-

klettert sein?
„Wenn ich etwas sagen darf?“ Hirsch hob den Zeigefinger.
Er durfte.
Tierwärter Hirsch wies darauf hin, daß der kleine grüne Drache auch auf der Mauer des Zoos gewesen war. Und sicherlich hatte ihm niemand dabei geholfen.
Direktor Löwenthal brauchte eine Pause, um sich zu konzentrieren. Er setzte sich dazu auf den weißen Stuhl, der eigentlich anderen Zwecken diente.
Tierwärter Hirsch nahm, nach der Bitte um Erlaubnis, auf dem Rand der Badewanne Platz.
„Wir werden den gesamten Zoo alarmieren!“ ordnete Direktor Löwenthal nach etwa drei Minuten Schweigen an. „Sämtliche Wärter werden auf die Suche nach dem Ungeheuer gehen!“ Er erhob sich mit einem Ruck.

Tierwärter Hirsch ebenfalls. „Und wenn die Besucher jetzt kommen?“ In wenigen Minuten wurden nämlich die Tore des Gartens geöffnet.
„Jede Panik ist selbstverständlich zu vermeiden!“ befahl Direktor Löwenthal. Und er untersagte es sogar, die Wärter genau ins Bild zu setzen. „Wir suchen offiziell nach einem etwas hochgewachsenen grünen Krokodil!“ bestimmte er.

Die Suche ging eine halbe Stunde später los. Etwa fünfzig Wärter schwärmten aus, worüber sich die Besucher wunderten, worüber sich die Tiere wunderten und worüber sie sich selber wunderten. Denn wegen eines kleinen grünen Krokodils war dieser Aufwand wohl zu groß.
Das gab eine rechte Verwirrung im Zoo!
Hinter jeden Busch schauten die Wärter.

In jeden Teich blickten die Wärter. Und sie sahen zu jedem Baum hinauf. Was ihnen entging, war ein Kanalisationsrohr, das Arbeiter hinter einer Bank vergessen hatten. Und genau in diesem Rohr saß Flitze Feuerzahn.

Die Bank stand auf einer Anhöhe nicht weit vom kleinen Affenhaus entfernt.

„Onkel Berthold, du wolltest uns was zu trinken geben", sagte ein Junge, der vor der Bank stand. Es war Jakob. Seine Schwester Stefanie stimmte ihm zu.

Onkel Berthold, der Großonkel der beiden, kratzte sich am Kopf. Denn er hatte vergessen, eine Flasche Saft mitzunehmen.

„Dann gib uns etwas Süßes", bettelte Stefanie. Etwas Süßes hatte Onkel Berthold ebenfalls nicht mit. Und jetzt ärgerte er sich, überhaupt mit den Kindern in den Zoo gegangen zu sein.

„Ja, ja, lieber sitzt du am Vormittag in deiner Kneipe, wo es noch mehr so alte Kapitäne wie dich gibt", maulte Jakob.
Onkel Berthold juckte es in den Fingern.
Stefanie wies auf eine Erfrischungsbude.
„Gut, kommt", meinte Onkel Berthold, nachdem sich Jakob für seine Bemerkung entschuldigt hatte. Doch die Kinder wollten nicht mit. Ihnen taten schon jetzt am Morgen die Füße weh.
„Bitte, geh du allein, lieber Onkel Berthold", schmeichelte Stefanie. „Wir setzen uns hier ein bißchen auf die Bank."
Onkel Berthold ging.
Doch nur Stefanie setzte sich. Ihr Bruder stellte sich hinter das Rohr.
„Was machst du denn da?" fragte Stefanie, ohne sich umzudrehen.
„Das geht dich gar nichts an."

Es ging Stefanie wirklich nichts an, dafür aber Flitze Feuerzahn, der gerade seinen Kopf vorsichtig aus dem Rohr stecken wollte.
Vor Schreck entschlüpfte ihm ein kleiner Feuerstrahl.

Onkel Bertholds Plan

Jakob hatte einen noch größeren Schreck bekommen. Er rannte zu Stefanie zurück.

„Da ist Feuer in der Röhre! Da hat jemand ein Streichholz oder ein Feuerzeug angemacht!“

Stefanie tippte sich an die Stirn.

„Und wenn ich es selbst gesehen habe“, beharrte Jakob. „Gerade als ich ... da muß jemand in der Röhre sein.“

Noch einmal tippte sich Stefanie an die Stirn. „Dann müßte es ja wohl ein Zwerg sein“, sagte sie, „und Zwerge gibt es nicht.“

Jakob drehte sich um und wollte zum Rohr zurück. Doch da stockte ihm der Atem, und er schrie auch schon los: „Hilfe!“

schrie er. „Hilfe, ein Krokodil!"
Flitze Feuerzahn, der vorsichtig aus dem Rohr gekrochen kam, schüttelte etwas ärgerlich den Kopf. „Ich bin kein Krokodil." Und mehr zu sich selbst fügte er hinzu: „Das kommt alles davon, daß ich keine Flügel habe."

„Was für Flügel?" fragte Stefanie.

„Ich bin nämlich ein Drache", erklärte Flitze Feuerzahn. „Habt keine Angst vor mir!"

„Ach, daher das Feuer!" sagte Jakob.

Flitze Feuerzahn nickte und erzählte von sich.

„Der Direktor wollte dich wirklich in einen dunklen Käfig sperren?" fragte Stefanie.

Flitze Feuerzahn bestätigte es. „Darum bitte ich euch auch von Herzen, mir wieder aus dem Zoo herauszuhelfen", sagte er.

Aber wie sollten Stefanie und Jakob einem kleinen grünen Drachen aus dem Zoo heraushelfen? Einem Drachen, der sicherlich überall gesucht wurde!
„Da können wir leider gar nichts machen“, antwortete Jakob. „Außerdem sind wir mit unserem Onkel Berthold hier.“
„Und wenn Onkel Berthold Flitze Feuerzahn hilft?“ überlegte Stefanie.
Onkel Berthold war gleich bereit zu helfen. Ihn hatte es kaum gewundert, einen Drachen vor sich zu sehen. Schließlich hatte er schon Meerungeheuer, Seejungfrauen und Klabautermänner in Massen erlebt. Da kam es auf einen kleinen grünen Drachen auch nicht mehr an.
„Wir werden Flitze Feuerzahn im Kinderwagen aus dem Garten schmuggeln“, schlug Onkel Berthold vor.
Jakob blickte Stefanie an. Stefanie blickte Jakob an. Im Kinderwagen saßen sie

schon lange nicht mehr.
„Den borgen wir uns aus“, entschied Onkel Berthold, der mit Nachnamen Buddelmann hieß. Käpt’n Berthold Buddelmann.
Vor dem kleinen Affenhaus stand eine Frau mit einem Kinderwagen. Käpt’n Buddelmann hatte sie sofort entdeckt und gab seinen Plan bekannt: Flitze Feuerzahn sollte wieder in dem Rohr verschwinden. Stefanie und Jakob sollten dicht hinter Onkel Berthold bleiben, bis er ihnen ein Zeichen gab.
Onkel Berthold händigte ihnen den Autoschlüssel aus. „Setzt unseren Drachen bitte ins Auto. Aber nach hinten! Und unter die Bank!“
Während Stefanie und Jakob nun ein paar Schritte hinter ihrem Onkel blieben, stellte sich dieser neben den Kinderwagen.
„Einen schönen guten Morgen“, sagte er.

Die Frau erwiderte den Gruß und freute sich, als Onkel Berthold ihren kleinen Jungen sehen wollte.

„Ein strammer kleiner Matrose", lobte Onkel Berthold. „Ich war nämlich früher einmal Kapitän." Er bat die Mutter, das Kind im Arm halten zu dürfen.

„Aber nicht fallen lassen", sagte die Frau.

Käpt'n Buddelmann lachte nur und trat an den Käfig heran. „Tuck, tuck, tuck! Sieh einmal die Äffchen!" rief er und ging ans Gitter. „Sieh dir mal die hübschen Äffchen an!"

Als die Frau dazukam, gab er das Zeichen.

Sekunden später rannten Stefanie und Jakob mit dem leeren Kinderwagen los.

„Halt!" schrie die Frau. „Wo wollt ihr mit meinem Kinderwagen hin?"

Onkel Berthold beruhigte sie. „Keine

Bange. Die sind gleich wieder da.“
„Und woher wissen Sie das?“
„Weil ich ihr Onkel bin“, antwortete Käpt’n Buddelmann. „Sie wollen nur mal eine Runde drehen!“
Es dauerte eine Weile, bis sich die Frau von ihrer Überraschung erholt hatte. Aber Käpt’n Buddelmann plauderte so nett von Tieren aller Art. Er erzählte von einem See-Elefanten, einer Seekuh und einem Seelöwen, die er eigenhändig dressiert hatte, und selbstverständlich von Delphinen.
„Vielleicht will der Kleine ein Zuckerchen.“ Er hielt dem Baby lächelnd ein Bonbon hin.
Weder Mutter noch Kind wollten ein Zukkerchen.
„Gut, dann lade ich Sie beide zu einer Bockwurst ein!“ sagte Käpt’n Buddelmann.

Tierwärter Hirsch rennt weiter

In diesem Augenblick hatten Stefanie und Jakob fast den Haupteingang erreicht. Da rannte Tierwärter Hirsch auf sie zu. Vor Aufregung war er knallrot im Gesicht. Stefanie und Jakob achteten nicht auf ihn. Flitze Feuerzahn hatte sich ganz klein gemacht und die Bettdecke über die Ohren gezogen. Zur Sicherheit trug er eine Wollmütze auf dem Kopf.

„Einen Moment, bitte, liebe Kinder!“ rief Tierwärter Hirsch.

Stefanie und Jakob blieben stehen.

„Habt ihr vielleicht einen kleinen grünen Drachen gesehen?“ fragte Tierwärter Hirsch. Er verbesserte sich: „Ich meine, ein kleines Krokodil.“

„Laufen Krokodile denn hier frei herum?“

fragte Jakob zurück.
„Ich habe schon seit Jahren kein Krokodil mehr gesehen", sagte Stefanie.
Tierwärter Hirsch rannte weiter.
Zwei Minuten danach war Flitze Feuerzahn im Auto von Onkel Berthold versteckt.
„Aber keinen Unsinn machen!" rief Jakob.
Und schon liefen die Kinder wieder in den Zoo.
„Nun entschuldigt euch aber bei der jungen Mutter", drohte ihnen Onkel Berthold, als sie beim Affenhaus ankamen.
Stefanie und Jakob entschuldigten sich.
„Nochmals danke für die Bockwurst", verabschiedete sich die Frau.
Aber Onkel Berthold hörte es nicht mehr.
Er marschierte bereits mit großen Schritten dem Ausgang zu.
„Und was machen wir jetzt mit Flitze Feu-

erzahn?“ fragte Jakob.
Nun, was sollten sie schon machen? Zu ihren Eltern konnten sie einen Drachen kaum mitnehmen. Und Witwe Kraft, bei der Onkel Berthold wohnte, würde sicher ebenfalls keinen Drachen aufnehmen. Flitze Feuerzahn mußte also in seinen Wald zurück.
Es war ein schwerer Abschied, als sie ihn dort an der Autobahn absetzten. Doch Onkel Berthold versprach, sich mit den Kindern um Flitze Feuerzahn zu kümmern.
„Wir sind ja nicht aus der Welt“, tröstete er.
Lange blickte Flitze Feuerzahn ihnen nach. Dann trottete er zu seinem Nest.
Der Rabe Raps saß auf dem Nestrand. „Ich wollte gerade zum Zoo.“ Erstaunt sah Rabe Raps den kleinen grünen Drachen

an. Doch noch erstaunter war er, als er alles erfahren hatte: von Tierwärter Hirsch, von Direktor Löwenthal und von Onkel Berthold und den Kindern.

„Dann war meine Idee mit dem Zoo wohl doch nicht so gut", meinte er.

Flitze Feuerzahn hob den Schwanz. „Das finde ich nicht. Denn ich kenne jetzt Jakob, Stefanie und Käpt'n Buddelmann."

Obwohl der kleine Drache

Flitze Feuerzahn

jetzt einige Freunde hat, die für ihn sorgen wollen, stolpert er von Abenteuer zu Abenteuer.
Was ihm so alles passiert, kannst du nachlesen in den Bänden

Auf Horchposten
Die dicke Backe
In der Falle

Weitere Geschichten folgen.